QING SHAO NIAN KE XUE TAN SUO Y

青 少 年 科 学 探 索

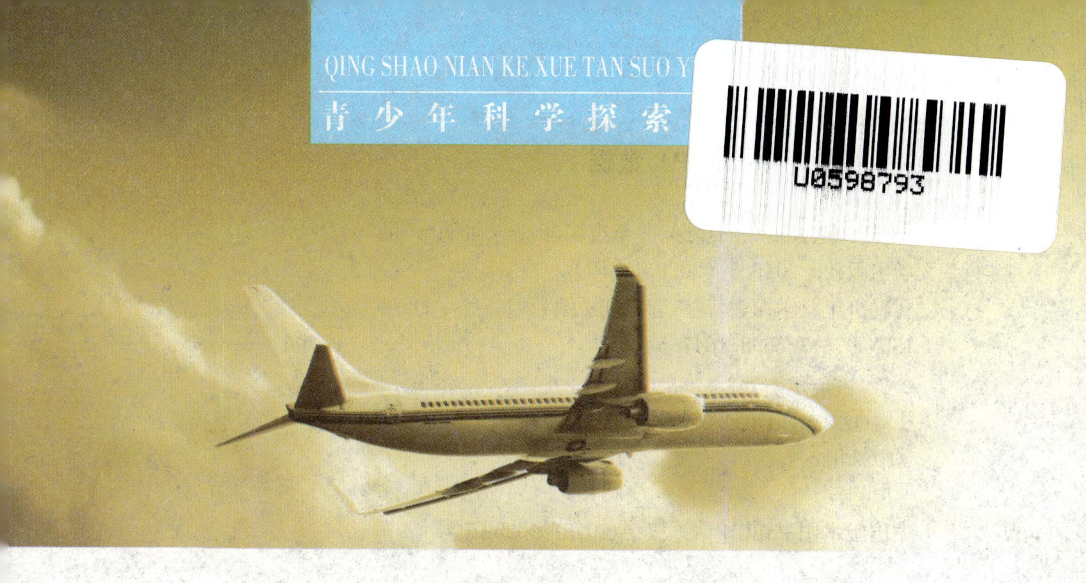

奥秘世界谜团

李 勇 编著 丛书主编 郭艳红

失踪：追查消失的踪影

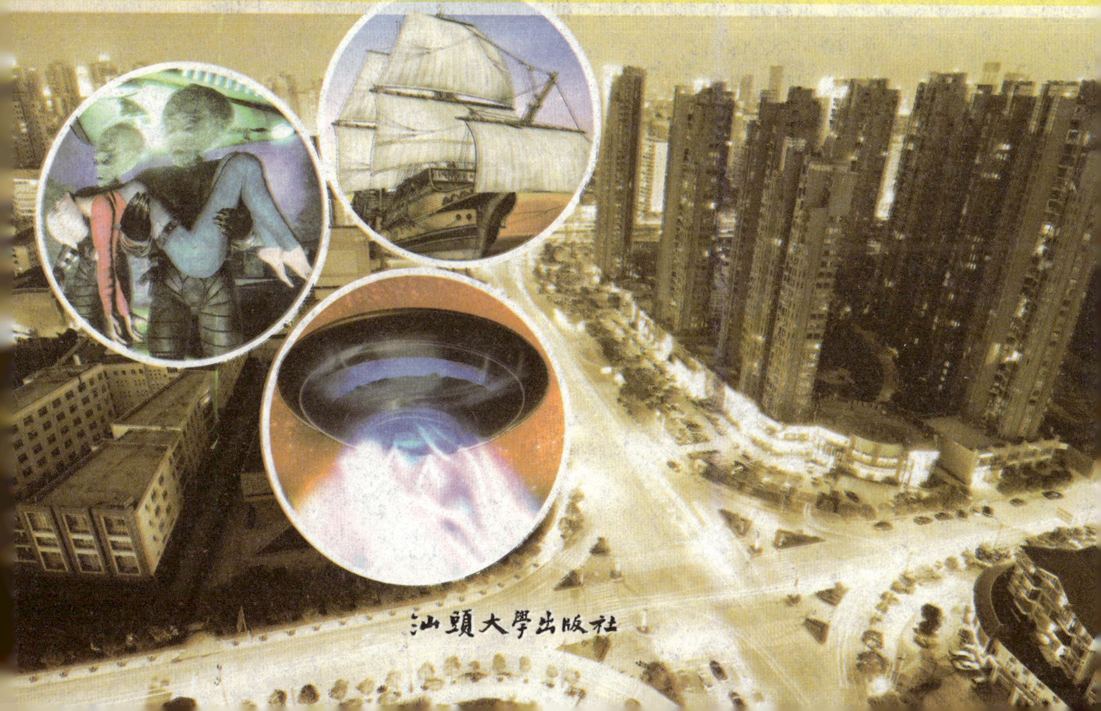

汕頭大學出版社

图书在版编目（CIP）数据

失踪 ：追查消失的踪影 / 李勇编著. -- 汕头 ：汕头大学出版社，2015.3（2020.1重印）
（青少年科学探索营 / 郭艳红主编）
ISBN 978-7-5658-1647-5

Ⅰ. ①失… Ⅱ. ①李… Ⅲ. ①科学知识－青少年读物
Ⅳ. ①Z228.2

中国版本图书馆CIP数据核字(2015)第025970号

失踪：追查消失的踪影 SHIZONG：ZHUICHA XIAOSHI DE ZONGYING

编　　著：李　勇
丛书主编：郭艳红
责任编辑：胡开祥
封面设计：大华文苑
责任技编：黄东生
出版发行：汕头大学出版社
　　　　　广东省汕头市大学路243号汕头大学校园内　邮政编码：515063
电　　话：0754-82904613
印　　刷：三河市燕春印务有限公司
开　　本：700mm×1000mm　1/16
印　　张：7
字　　数：50千字
版　　次：2015年3月第1版
印　　次：2020年1月第2次印刷
定　　价：29.80元
ISBN 978-7-5658-1647-5

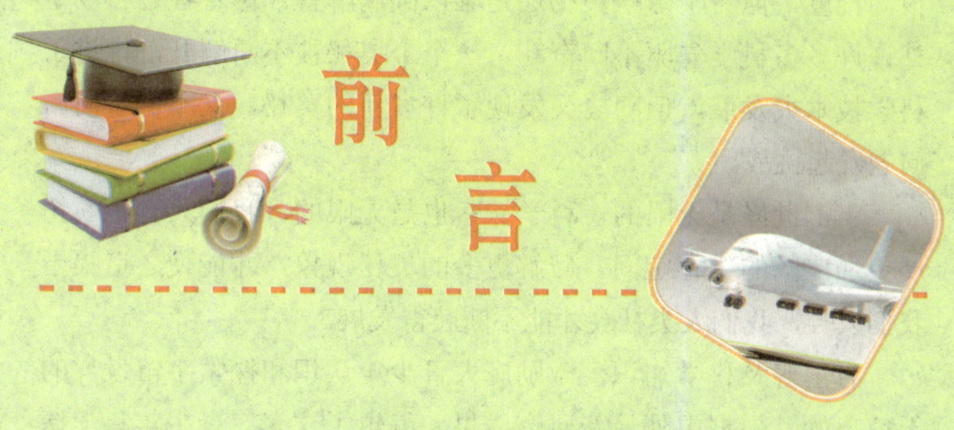

前言

科学探索是认识世界的天梯，具有巨大的前进力量。随着科学的萌芽，迎来了人类文明的曙光。随着科学技术的发展，推动了人类社会的进步。随着知识的积累，人类利用自然、改造自然的的能力越来越强，科学越来越广泛而深入地渗透到人们的工作、生产、生活和思维等方面，科学技术成为人类文明程度的主要标志，科学的光芒照耀着我们前进的方向。

因此，我们只有通过科学探索，在未知的及已知的领域重新发现，才能创造崭新的天地，才能不断推进人类文明向前发展，才能从必然王国走向自由王国。

但是，我们生存世界的奥秘，几乎是无穷无尽，从太空到地球，从宇宙到海洋，真是无奇不有，怪事迭起，奥妙无穷，神秘莫测，许许多多的难解之谜简直不可思议，使我们对自己的生命现象和生存环境捉摸不透。破解这些谜团，有助于我们人类社会向更高层次不断迈进。

其实，宇宙世界的丰富多彩与无限魅力就在于那许许多多的难解之谜，使我们不得不密切关注和发出疑问。我们总是不断地去认识它、探索它。虽然今天科学技术的发展日新月异，达到了很高程度，但对于那些奥秘还是难以圆满解答。尽管经过古今中外许许多多科学先驱不断奋斗，一个个奥秘被不断解开，推进了科学技术大发展，但随之又发现了许多新的奥秘，又不得不向新问题发起挑战。

宇宙世界是无限的，科学探索也是无限的，我们只有不断拓展更加广阔的生存空间，破解更多的奥秘现象，才能使之造福于我们人类，我们人类社会才能不断获得发展。

为了普及科学知识，激励广大青少年认识和探索宇宙世界的无穷奥妙，根据中外最新研究成果，编辑了这套《青少年科学探索营》，主要包括基础科学、奥秘世界、未解之谜、神奇探索、科学发现等内容，具有很强系统性、科学性、可读性和新奇性。

本套作品知识全面、内容精炼、图文并茂，形象生动，能够培养我们的科学兴趣和爱好，达到普及科学知识的目的，具有很强的可读性、启发性和知识性，是我们广大青少年读者了解科技、增长知识、开阔视野、提高素质、激发探索和启迪智慧的良好科普读物。

目 录

神秘失踪的百余孩童

彩衣笛手的传说

“1284年6月26日，约翰和保罗节以及哈默尔恩城的130个孩子，被身穿斑斓彩衣的笛手带走，从此杳无踪影……”

上段文字是在德国哈默尔恩城的无鼓街的一个木牌上发现

的。从中可以看出，1284年6月26日，在哈默尔恩发生了一件悲惨的事件。孩子们为什么出走？走向哪里？谁带走了他们？至今仍是一个谜。

根据传说，哈默尔恩在1284年遭受过鼠疫袭击。那一年，来了一个身穿五颜六色衣服的来历不明的陌生人，他答应以商定的款项为酬劳，将城里的老鼠赶走。

他吹起笛子，老鼠便都跟着他到威悉河里淹死了，但忘恩负义的市民没有遵守诺言，拒不付钱。那彩衣人的报复十分可怕，他又吹笛子，130个孩子便跟在他身后，经该城的东门朝着哥本

山而去，那里大地开裂，将孩子们吞没殆尽。

这便是“彩衣笛手”的传说，如今已传遍全球，为各民族所传诵，成为许多小说家、诗人、剧作家和作曲家创作灵感的源泉。

彩衣笛手的文字记录

在文史界，有人主张彩衣笛手是流传于民间的类似神话的传说故事，这个民间故事之所以盛传不衰，是因为彩衣笛手的传说

中包含了一个道德哲理，因而它又是一个政治讽刺寓言。

研究专家们指出：这个传说故事的目的是要求后人牢记讲究信用，不可忘恩负义的道德规范，并且讽刺了那些只会夸夸其谈却不信守诺言的虚伪君子，它并没有以历史上的真人真事作为依据。

然而，在哈默尔恩城的博物馆里，却布满了与该城奇异传说有关的纪念文物，其中有一个15世纪的手稿记载了一些关于彩衣笛手的事情。

手稿把他描述为一个约30岁的漂亮男子，他吹奏银笛令人倾倒，孩子们听到笛声便跟在他身后出城去了。一个名叫路德的妇

人和一个10岁的少年目睹他们离去。悲痛的父母四处寻觅，也没有找到他们。

另外一篇手稿说，在1300年，哈默尔恩市民在教堂内装了一面纪念之窗，在这面已毁于17世纪的窗上记载着：“所有的孩子们历尽艰险，到达哥本山，然后音讯杳然。”

彩衣笛手确有其人吗

一些学者专家用尽多年心血考究后也认为：彩衣笛手并不是子虚乌有的杜撰故事，它在历史上是实有其人其事的。

事情的真相是这样的：1284年6月26日，这位彩衣笛手名叫施皮格尔伯格，带领了130个少年向东迁移，到波罗的海沿岸的波

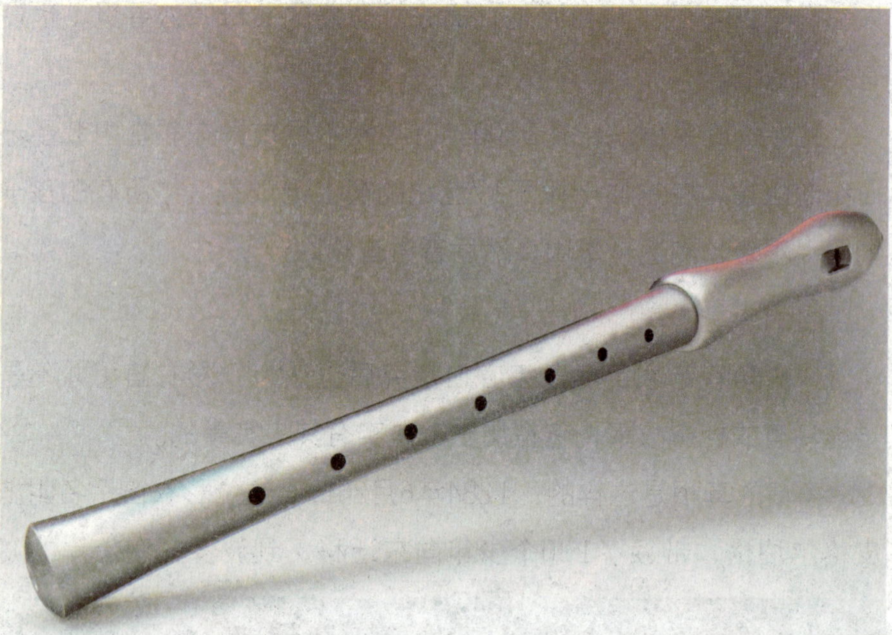

美拉尼亚一带去了。

他是一位有胡须、和蔼可亲的老者，曾任德国的一名地方移民官，在1284年前后经常往来于哈默尔恩城和波美拉尼亚之间，他的两个弟弟也是当地负责转运移民的行政官员，曾经在哈默尔恩城附近定居过。

很显然，也许当时确实发生过130名少年失踪的事件，那么，他们又到什么地方去了呢？为何杳无音讯？

据史料记载：当130个孩子失踪时，施皮格尔伯格也一时不知去向。1284年7月8日，在孩子们失踪后的第十一天，有人亲眼看见施皮格尔伯格在德国的什切青港。

不幸的是在东迁途中，他们所乘坐的航船在波罗的海岸附近

沉没了，施皮格尔伯格与130个少年一同遇难，无一人生还。

未解开的彩衣笛手之谜

一生中大部分时间用于探究这一历史悬案的谢博尔特为了解开“彩衣笛手之谜”，翻阅了哈默尔恩城博物馆的大量历史史籍和纪念文物，他认为，要了解事实真相，还必须弄清楚笛音捕鼠这一事件的真实性。

历史上，英国就有人使用过一种锡笛，捕鼠人利用锡笛发出的高频率的抖颤声将成千上万只老鼠涌入陷阱内。在中世纪时代，欧洲大陆鼠害横行，因此，出现了一个巡游捕鼠的人，利用高频率的笛声把老鼠引向河中淹死是完全可能的，不足为奇。

直至现在，每逢一年一度夏季6月26日的宗教节日，哈默尔恩

城还上演有关彩衣笛手的戏剧。

彩衣笛手的真相究竟如何？当年那些孩子到底走向了哪里？现今，这个未解之谜每年吸引着数十万游客在哈默尔恩城观光旅行，其中不乏有研究彩衣笛手谜底的有心人。

延伸阅读

科学实验证明，彩衣笛手用笛子诱捕老鼠的做法是完全可行的，他利用高频率的笛声使老鼠的神经紧张而产生紊乱，从而诱使它们纷纷涌入河中自杀。

格兰特将军号失踪案

"格兰特将军号"

1886年5月4日，澳大利亚的麦尔邦港里大大小小的各种船只穿梭往来，显得一片繁忙。只见一艘叫作"格兰特将军号"的船只升起风帆，慢慢地驶出了港口，朝着茫茫的大海深处驶去。

这艘"格兰特将军号"船上有一些旅客，还装载着黄金、皮

革、羊毛和一些其他的货物。它要经过新西兰的南部岛屿，开往英国的首都伦敦。

天气非常晴朗，海面上的风浪也不怎么大，“格兰特将军号”在海上飞快地航行着，真是一帆风顺呀！所以，在5月13日的时候，它就已经接近了新西兰南部一个叫奥克兰的岛屿。

这时候，天色慢慢地黑了下来，风也越来越小了。“格兰特将军号”的船长命令舵手放慢了速度，朝着奥克兰岛缓缓地开了过去。到了半夜的时候，“格兰特将军号”的船长命令舵手把船的速度放得更慢了，然后他就做别的事情去了。整个海面上显得特别安静，只有船桅上的绳索发出一阵阵轻轻的声响。

“格兰特将军号”又往前航行了一段路程。这时候，一

个负责瞭望的水手对值班的大副说："报告大副，奥克兰岛就在眼前了。"大副抬起头仔细一看，船果然就要到达奥克兰岛了。

遭遇海洋暗流

于是，他传下命令，对舵手说："改变航向，绕过奥克兰岛，继续前进！"

舵手接到命令，立刻转舵。没想到，船却还是停留在原来的航向上，根本没动地方。

舵手感到特别奇怪，赶紧一连转了几次舵柄，可是，船还是没动。这是怎么回事儿呢？原来，"格兰特将军号"已经陷到了强流当中。舵手正在惊奇的时候，忽然觉得船只被强流连推带拉飞快地朝着奥克兰岛冲了过去。

船长和水手们急忙帮助舵手使出浑身的力气来转动舵柄。但是，不管他们怎么奋力使船只脱离险境，都不起作用。最后，只听“轰隆”一声巨响，“格兰特将军号”终于撞到了奥兰克岛的石壁上，船舵“咔嚓”一声就被折断了。

这时候，“格兰特将军号”上的旅客们正在安稳地睡着觉，被这突如其来的声响一下惊醒了。旅客们揉揉眼睛仔细一看，立刻被眼前的情景吓呆了。只见“格兰特将军号”正在强烈的海流当中不停地打着转儿。

更可怕的是，人们发现那个石壁上隐隐约约出现了一个黑乎乎的大海洞。那个大海洞正在张着黑乎乎的大嘴，好像要把“格兰特将军号”整个吞进去。

水手们看到那个黑乎乎的大海洞，海流还在猛烈地冲击着

"格兰特将军号"，"格兰特将军号"最后身不由己地被冲进了那个巨大的黑洞当中，前桅杆"咔嚓"一声撞到了石壁上折成了两截儿，又"轰隆"一声倒了下来，"啪"地一下砸在了甲板上。

人们顿时感到天昏地暗，乱成一团，只能坐在杂乱的甲板上等待着天亮。几个小时以后，天终于亮了。船长借着黎明的光线一看，"格兰特将军号"正在大海洞的洞口里边，船的桅杆紧紧地顶在海洞洞口的上部。看样子，如果不是桅杆顶在洞口上，整个船只早就被吞进去了。

被海洞吞噬的生命

船长想用救生船先把旅客们撤下船送到岛屿上去。谁知道，正在这个时候，海水开始涨潮了，汹涌的浪潮猛烈地冲击着"格兰特将军号"，发出一阵阵吓人的声响。不大工夫，"格兰特将

军号”的船底就被浪潮巨大的力量冲撞出了一个大窟窿，“格兰特将军号”开始慢慢下沉了。

船上的旅客们看到这种情景，吓得不知道怎么办才好，那些身体强壮的男人纷纷跳进海里想逃生。可是，那个黑乎乎的大海洞好像有一股巨大的吸引力一样，一下就把那些人吸进了海洞里。只有4个侥幸的人逃到了洞外的救生船上。

这时，“格兰特将军号”上没有跳船的人，大都是一些妇女、儿童和体弱的人，大约有40人。船长赶紧叫水手们放下一艘长艇，带着他们快逃命。

没想到，水手们刚刚把长艇划出洞外，迎面涌来一阵汹涌的

海浪。结果，长艇被海浪“哗”地一下打入了海底，长艇上的人几乎全都没有了性命，只有一个叫大卫·阿斯渥斯的旅客和两个水手逃到了洞外的救生船上。

海浪还在无情地冲击着“格兰特将军号”，海水还在不停地涌进船舱。最后，它终于慢慢地沉入了深不可测的海洞当中，船长和船上的人都不见了踪影。

岛上乘客幸运获救

那些逃到救生船上的人们眼睁睁地看着“格兰特将军号”沉入了海洞，心里感到又惊又怕。大副和水手们拿起船桨，划起救生船，带着那些幸存的旅客，朝着附近的小岛划去。

5月16日，大副和水手们来到了一个叫作失望岛的小岛。现

在，他们一共有9个水手和5个旅客，人们靠着岛上海豹的肉来填饱肚子，艰难地熬过了漫长的时光，盼望着茫茫的海面上能够出现过往的船只。

第二年春天的一天，海面上终于出现了一艘船。那艘船上的人发现了失望岛上的人们，他们终于得救了，结束了两年的孤独艰难的生活。

这些人得救以后，“格兰特将军号”沉船的消息很快地传播开来。那些沉入海底的黄金立刻吸引了好多敢于冒险的人，他们组成一个个探险队，怀着发财的梦想，陆陆续续朝着奥克兰群岛开了过来。

消失不见的沉船

1890年3月26日，从大海洞里死里逃生的旅客大卫·阿斯渥斯带着一艘名字叫作“达芬号”的船到了奥克兰群岛，希望能把那些沉入海洞的黄金找到。

不过，发财的美梦不是好做的，他们从此就一去不返了。其他到奥克兰群岛那个大海洞寻找黄金的探险队的船只，也都一艘艘地失踪了。

那么，这些寻找“格兰特将军号”沉船上黄金的船只和人们，到底又发生了什么事呢？这些问题谁也不知道。

探险队当中倒是有几个人活着回来了，可是，这几个人说，他们根本就没有发现什么“格兰特将军号”，甚至连传说中的大海洞也没有看见。

这又是怎么回事儿呢？难道说，大海为了保住自己的秘密，把奥克兰群岛的那个大海洞藏起来了吗？谁也说不清楚，也许这又是一个永远也解不开的谜。

延伸阅读

奥克兰群岛附近沿岸地形起伏激烈，因此，许多的船只在此遇难；1864年1月3日“布拉夫顿号”遇难；1907年“丹德拿得号”和12名船员下落不明。到了1940年后，新西兰曾在奥克兰群岛设置观测所来管理，但是短短几年后就关闭了。

美国兰克事件疑云

神秘失踪的兰克

神秘现象最早掀起轩然大波的，要数美国的“兰克事件”。1880年9月23日的傍晚，在美国东部的田纳西州一个叫卡兰迪的乡间小镇，当事人大卫·兰克先生就在这小镇的郊外经营一家牧场。事件发生的时候，兰克先生正邀请友人贝克法官以及其妻弟洛伊先生到家里共进晚餐，受邀的两人便乘着马车来到兰克家的门前。当时，站在大门前面的兰克听到马车声，便与妻子及两个

儿子一同前往迎接。

“欢迎！欢迎！”兰克先生一边热情地挥着手，一边朝正从马车走下的客人靠近。谁知，就在这一瞬间，兰克先生就神秘地失去了踪影，出事的地点刚好在马车的正前方。

“咦？”对于这突发的景象，在场的客人以及妻子无不瞠目结舌：在夕阳斜照、光线明亮的院子里，好端端一个人竟然就此烟消云散。这种似乎愚蠢的事情，照理是不会发生才对啊！

“兰克先生！兰克先生！”

“爸！爸！你跑到哪里去了！”法官与孩子们大声地呼喊，可是却一点回音也没有，这桩离奇事件就像噩梦一般。兰克是不可能进到马车里，而且即使他走进走出，从外面也能一目了然。

“怎么会有这么不可思议的事？”贝克法官除了吃惊之外，更有说不出的懊恼。从庭院到牧场，是一片宽广草原，根本没有可藏身的地方。兰克的妻子一时受到过度刺激，也因此失去理智。

兰克先生去哪了

接获报案后，飞奔而至的警方人员对于此事刚开始也是左思右想，有所怀疑。不过，当时也有一名法院的法官是目击者啊！刑警们开始将整栋建筑物的里里外外做彻底的搜查，甚至动用了猎犬到处搜索，可是始终没有发现兰克先生的踪影。

美国当地的报纸，几乎有一整月的时间，也都是以“兰克消失事件”为题而大做文章，事件所引起的骚动遍及全美各地。然而，整个事件终究还是陷入迷雾中，一直没有水落石出。之后，经过数个月，兰克先生的儿子来到父亲消失的马车之前，忽然听到一阵奇怪的声音：“我好苦啊！好苦啊！”这个奇怪的声音一度又使警方紧张起来，不过最

后还是像谜一般无法解开。总之，一个堂堂大男人在大白天，而且当着5个人的面，没留下任何遗物而就此消失的事实，即使是多么厉害的刑警也难以下判断。

兰克先生为什么会在人们面前突然失踪了呢？他被送去哪儿了呢？这些问题深深地困扰着人们。

延伸阅读

有关这个事件的传闻，也很快传到欧洲，欧洲人称这样的事件他们那儿也曾发生过。一名英国驻奥地利大使班杰明·巴沙斯特刚刚走出官邸的大门，乘上停靠一旁的马车，然而就在脚刚跨上去的瞬间，突然就消失了身影。

因纽特人失踪之谜

神秘失踪的爱斯基摩人

1930年12月初，距离加拿大北方蒙第联络基地约有800千米的安吉克尼湖附近的一个村庄里，住在这里的30余名因纽特人突然集体消失，谁也不知道他们去了哪里。

发现安吉克尼出事的是熟悉这里的因纽特人的猎人约翰·拉斐尔。那一天，他又如往常一样站在部落的入口大喊大叫，可是却没有人回应。约翰感到十分纳闷，便走近最前面的小屋，打开海豹皮做的大门，又叫了几声，然而同样没有人回答。

约翰仔细查看了小屋，发现空无一人。接着，他又挨家挨户地敲门，打开小屋，依然不见半个人影。令他觉得不可思议的是，其中一间小屋的炉子上还放着饭锅。掀开饭锅一看，里面一些已煮熟的食物已经结冻而无法取出。

而在另一间小屋则放着一件正在缝制的海豹皮上衣，不过似

乎只缝到一半，因为用动物牙做成的针依然刺在衣服上面。由此看来，一定是在相当慌张的情况下急忙夺门而出的。

是谁带走了这些人

加拿大西北部的警察部门，在接到约翰·拉斐尔的报案后，立即出动人马前来查看。并且在约翰·拉斐尔的指引下，仔细无遗地清查了每一间小屋的里里外外，可是却有如陷入云里雾中，毫无头绪。

尤其是每一间小屋的步枪，都原封不动摆在原处，这才是问题所在，因为他们出门一定会带枪。警察们猜想道：“难道整个部落的人，是因为某种理由而集体发疯出走了？”不过，各个小屋的内外都井然有序，毫无混乱的现象。

而对因纽特人来说，仅次于步枪之重要性的，要算是狗了。然而，有7只狗却被发现集体死在距离部落约100米左右的灌木林中，依据兽医的鉴定，这些狗都是饿死的。

另外，还有一点也令人深思不解。就是去世的因纽特人的墓碑被铲除了，埋葬的遗体也被移动过。据说因纽特人对死者非常尊重，像揭开墓碑之类的事是绝不会发生的，而且，那些墓碑还被堆积成两个石冢。

至于在这附近，除了人类之外，应该没有其他动物足以移开墓碑又把它们堆积起来。

因纽特人哪儿去了

由于单靠警方的力量无法做充分的调查，因此请来专家协助。经过两周的详细调查，结果推测："安吉克尼湖畔的因纽特人，是早在猎人约翰·拉斐尔发现前的两个月前已消失了。"

不过，这个推测也是个问题，因为推测并不代表现实，只是依据想象来作决定的。那些专家是凭着饭锅中残存的树果之状态而作判断的。

总之，那些因纽特人是基于什么样的理由而消失的，并没有人知道。不过可以确定的是在这个离奇事件发生之前，他们仍照

着日常的作息生活。

搜索队为了慎重起见，调查的足迹遍于更广大的冻土地带，不过30多名因纽特人，还是没有一个人被寻得下落的。

延伸阅读

因纽特人，是北极地区的土著民族，这个名称为“真正的人”之意。印第安人称因纽特人为“爱斯基摩人”，即吃生肉的人。因为历史上印第安人与因纽特人有矛盾，所以爱斯基摩人这一名字显然含有贬义。

沙漠里失踪的部落

酷热沙漠里的部落

1939年的8月，也就是第二次世界大战即将爆发之前，在阿拉伯半岛西南端，红海入口的英国保护地亚丁港发生了一件大型部落全体居民离奇失踪事件。

事件发生之时，亚丁港还是由英国统治，因此有英军驻守在当地。而发生失踪事件的是四周环绕着沙漠的拉达部落。这里夏天气温十分高，平均温度能达至45摄氏度，其酷热程度可见一斑。

尽管在这种酷热天气下，拉达部落的四周仍然长有枣树，驻扎在附近的英国航空部队的士兵们，也经常来这里购买枣子等物。

虽然土地炽热，但是有些地方还会涌出泉水，形成草木丛生的绿洲，因此绿洲的四周才会形成部落。

拉达部落北方约2000米的地方也有水源，这里便形成另一个叫巴尔的部落。另外，其南方约10000米处，还有一个叫库阿鲁孙·伊文阿德的大型部落。

而在这些部落间，往来必须穿过岩石，经由唯一的一条通道联络。不过，只要一个失足就会跌到路旁滚烫的沙漠里，因此，这里几乎是人烟罕至。

整个部落的离奇失踪

俗话说：“天有不测

风云”，8月的一天，拉达部落就发生了一件令人难以琢磨的变故。因为在一瞬间，拉达整个部落的居民竟然全部消失了，不见踪迹。

根据发现部落居民离奇事件的英国士兵报告，当时他去该部落正常巡逻，但发现平时热闹的部落变得十分安静，甚至连平时在外边玩耍的小孩儿都没有看到。

这个士兵感觉很诧异，便走进一户居民家里查看，然而令这个士兵没有想到的是偌大的部落里，他看遍了所有的房屋，竟然没有发现一个人存在。

最不可思议的是在该部落的人家里，每户家中的家具都维持着原来的样子。此外，有些家里的餐桌上还留有刚准备好而未动

用的饭菜，甚至炉子里还有余温。

部落的所有财产都没有丢失和带走，由此看来，拉达的居民不像是移往南北两个部落去了。即使他们真的是穿越了沙漠，应该会被不断在空中巡逻飞行的英国飞机发现才对。

为什么整个拉达部落的人会消失，难道是蒸发了吗?

延伸阅读

1915年12月，在英国与土耳其之间的一场战争中，英军诺夫列克将军率领的第四军团登上加拉波利亚半岛山顶。突然空中降下了一片云雾覆盖了100多米长的山顶，山顶上的英军士兵全部消失了。

来自空中的呼救

圣诞聚会

在美国伊利诺伊州的南贝特市附近，李奇家当时年龄刚刚20岁的次子奥立佛突然消失在空中。而且，奥立佛消失的情况相当富有戏剧性，连局外人都会不寒而栗。

当天，李奇家邀请了20余名亲友，享用一顿丰富而热闹的圣诞大餐。这顿大餐吃得其乐融融，吃完晚餐后，人们还没尽兴，

便都回到客厅闲话家常。

这时正在厨房忙着清理膳后的李奇太太，发现储水槽里没有水了，便唤来次子奥立佛，让他去庭院的水井里提一些水回来，奥立佛拎起水桶便往外走。

传来呼救声

大约过了两三分钟，院子里突然传来一阵刺耳的哀叫声：“救救我！救救我！我被抓住了！救我！”

宾客们都被这突如其来的呼救声震慑住，大伙儿纷纷朝传来声音的院子跑去，可是，那里已经没有奥立佛的影子了。从厨房的门至水井之间，可看清楚雪上的脚印只到了庭院中间就停止了。当然，这证明奥立弗还没有走到水井旁边，也不可能跌落水井而死。

然而就在这时，人们的头上方依然传来一阵阵“救命、

救命”的呼救声。大家把头往上仰，可是在微暗的空中却是什么也没看见。偌大的院子里，就只剩下一个滚落在地的水桶。

叫声忽远忽近，有一段时间似乎是从空中传来，不过不久之后，又归于寂静，年轻男孩奥立佛就这样消失于世界上。至于在场的20余人所听到来自空中的奥立佛的叫声，到底又代表什么意思呢？

是被透明人抓走了吗

为什么奥立佛清楚地喊叫他“被抓住了”？是什么东西抓住了他？为什么他的呼救声是从空中传来的？难道他是被什么东西抓到天上去了吗？

在科幻小说里，有所谓的透明人。也就是吃了某种特别的药物后，人体就会变为透明，使得一般人无法用肉眼看见。而在我国古代，也同样有隐身术这种说法。不过，隐身术并不是使身体

消失，而是利用烟雾等障眼法，趁他人疏于注意之际躲在暗处，以达到隐身的效果。但是，透明人和隐身人毕竟只是幻想，在现实生活中是不可能存在的。假定真的有透明人，他有可能在一瞬间将抓住的人也能消失，再把他拉到空中去吗？

延伸阅读

在一些现代电影里，常常出现透明人的身影。人们幻想着在世界上存在着一种人类，他们具有直接隐形的特异功能或者是借助某种药物能够隐形的能力。人们猜想这种神秘的失踪和透明人有一定的关系。

被裂缝吞噬的母子

做游戏神秘失踪的吉米

1956年5月10日，在美国奥克拉何马州的欧达斯小镇，一名8岁的小孩吉米，在和同伴凯恩和汤姆玩“投环牛仔”游戏时，竟然在众目睽睽之下忽然消失，不知去向。

投环牛仔是美国小孩经常玩的游戏之一，当时汤姆扮演一个恶汉，绑住老实的农夫凯恩，带往自己的村里。就在途中投环的牛仔吉米出现了，他准确地把环绳投在恶汉汤姆的身上，拯救了农夫。整个游戏的架构就是如此。

一切准备妥当后，吉米便爬上附近牧师家的篱笆，躲起来等候。不久，汤姆抓着凯恩经过这里。

吉米叫了一声："你这个恶汉！"便以汤姆为目标纵身跃下。可是就当吉米的脚还没来得及碰到地面，他的整个身影就不见了，汤姆与凯恩当场都愣住了。

“吉米！吉米！你跑到哪里去了？”尽管同伴们大声呼喊，吉米的身影却再也没有出现过了。到了晚上，吉米的母亲发现孩子还没有回来，便开始着急起来。

当她问与孩子一块玩耍的汤姆与凯恩时，所得到的答案简直是扑朔迷离，对于吉米的行踪则全然无法交代。

吉米的母亲失踪记

然而，很意外的是这个事件竟然还有一名目击者，那就是小镇里的牧师的女儿爱米莉。爱米莉由于身体状况不佳，因此长期

卧病在床。

刚好事发当天下午，爱米莉来到房间的窗户旁透透空气，无意间看到了男孩们的游戏。爱米莉以充满疑惑的神情表示：吉米是在从篱笆往下跳的同时消失无踪的。

对于3个孩子的话，警方与大人都难以相信，于是这便被当成是恶意的绑票事件处理。而且从州警察以至于联邦警察，都出动进行全面的搜索，不过，却是一点蛛丝马迹也没有。

唯一不绝望的是吉米的母亲。吉米的母亲深信孩子不会无故消失，因此不管刮风下雨，她每天都到吉米失踪处一直苦苦等

候。就这样，大约过了一个月后，这一回轮到吉米的母亲也突然消失了。

是被裂缝吞噬了吗

不仅如此，不可思议的事还在继续上演。那是吉米的母亲消失数日后的事。爱米莉的父亲马洛牧师听到女儿的房间传来不寻常的叫声，于是急忙飞奔过去。

当时，爱米莉一边颤抖一边用手指向窗外。那是使吉米与母亲消失的篱笆旁边。“啊！那是什么？”马洛牧师不由得大声喊叫。牧师所见到的，正是某种黑影瞬间消失之处。

“我认为那个黑影确实是人类，但是他似乎被吸进某个空间

裂缝般突然消失了踪影。我只能用不可思议来形容。”牧师对于当时的情形做如此描述。

至于吉米与母亲，又是消失至何处呢？

延伸阅读

“空间裂缝”理论由汤姆斯库伯最早提出。简单地讲，空间裂缝就是极不稳定的虫洞，就是由暗物质维持的时空缝隙，空间裂缝能够连接平行空间，并有可能将一个空间的物体传送至另一个空间。

消失醉汉的求援声

旅馆门前的醉汉

1956年夏天，在美洲班西尼亚的赫马勒弗克一家旅馆门前，发生了一起离奇消失事件。一个醉汉在马路上突然不见了，人们只能听到他的呼救声，但是却找不到他究竟在哪里。

事情发生在一家旅馆门前。这天，旅馆的清洁人员在做完庭院的打扫工作后，大家就在旅馆庭前闲聊起来，看见一个醉汉从庭前的马路上经过。

这个醉汉身穿一身破破旧旧的衣服，裤脚处也磨得发白，脚上的皮鞋沾满了泥土，十足的一个落魄汉的形象。手里还攥着没有喝完的酒瓶，摇摇晃晃地向前走着。在走过旅馆前边的时候，这个醉汉甚至还向清洁人员招了招手，又继续向前走了。

大家看着醉汉的背影，指指点点地谈论着这个大白天喝酒的人。善良的安妮儿还大声地提醒这个醉汉注意往来的车辆，让他赶紧回家去。

然而，那个醉汉走了没几分钟，大约是走了200米左右的行程，突然清晰地传来他呼叫求救的声音。

醉汉消失去了哪里

大家以为这个醉汉发生了什么不幸，于是不约而同地往那方向跑去看个究竟。这时候旅馆对门的主人也探出头来，那求救声一直在大家的耳边响着。

大家跑到刚才醉汉途经的地方，酒瓶在地上摔得粉碎，里面残留的酒撒了一地，旁边还有一只破了个洞的皮鞋，安妮儿一眼就认出这就是那个醉汉穿着的鞋子。那个醉汉的呼叫求援的声音依旧清晰可闻，但是看不到那醉汉的人影。

一群人在附近拼命寻找，可是怎么也看不到他藏身之处，附近也没有下水道之类的，仅有在消失的地方清楚地留下醉汉的脚印，没有人知道他消失到哪个世界去了。

不久那叫嚷声渐渐远去，声音终于不见了，那群人找不

到他的踪影觉得十分的奇怪，只好折返旅馆，可是大家还常谈论这个醉汉失踪的谜。

这个醉汉究竟去了哪里？一个大活人怎么会在马路上就瞬间蒸发？这一切直至现在仍是个谜。

延伸阅读

1978年5月20日，美国的新奥尔良城的一所中学的操场上，体育老师巴可洛夫在教几个学生踢足球射门。14岁的巴尔莱克突然一脚射入球门，他高兴地跳起来一叫，当着众人的面，眨眼工夫就失去踪影。

丢了自己肉身的邮差

邮差突然失踪

1964年8月的一个早上，美国加州洛杉矶发生了邮差突然失踪的怪事。

那位邮差先生名叫约翰·森汉，这天早上他投送一封信到百货业巨子洛克路夫的公馆，开门的是女仆妮艾。女仆接过信后，那邮差突然如烟雾般地不见人影。

通报当地警局

一个大活人竟然在自己面前突然消失？妮艾感觉这件事非常

不可思议，妮艾赶紧通报了当地警局，警方立刻遣人赶到洛克路夫的家去查个究竟。

当警方大力追寻邮差下落的同时，距洛杉矶很远的芝加哥棒球场，也发生和这桩失踪事件有关的怪事，让人不得不将之与邮差的失踪联系在一起。

疑团惊现

当时正在棒球场上，一个球队的一名防守队员竟然突然倒地，只听见他惨叫一声“我是邮差约翰·森汉”后就晕过去了。半个小时后，那位叫森里的球员在医务人员救护下猛然醒来。

当他醒来后，医生询问他刚才喊的那句话什么意思，然而森里诧异地回答：“没有啊！我不知道谁是约翰·森汉呀！”

他对方才在场上大叫的名字忘得一干二净。

这两件事会有什么联系呢？他们两位又有什么关系呢？谁也解不出答案来。那位邮差至今尚不知其下落，他到哪里去了呢？当地出动警探四处追寻，仍然没有下落。

延伸阅读

据有关非科学人士推测，当时可能是空间重合，邮差的灵魂忽然附在了棒球队员森里的身上，由于森里的身体不能同时适应两个灵魂，从而使自己昏倒在地。这当然是不可信的说法。

他失踪了半小时

偶遇不明飞行物

1982年12月21日晚，瑞士沃德镇35岁的居民皮穆西玛到他的同事米歇尔家聊天。大约在晚上20时40分，他告别朋友驱车返回。在平时天气好的时候，这段路大约要走15分钟至20分钟。当

时天下着雪，车速只能在每小时70千米以内，这样大约需要半个小时。

皮穆西玛吸着烟，一边开车一边哼着小调。他拐过一道弯，车子沿着左边一条道路奔驰，这是一个偏僻荒凉的地段，他的右侧是田野和草地。

突然，他看见车的后视镜里有一个闪着鲜艳发光的球体，在车后边忽左忽右地移动着。它的直径约为0.15米，尾部托着一条淡红色光迹。

好奇的皮穆西玛扔掉香烟，想看个究竟，可是他突然感到不安和疲劳，背部和颈部也有痛觉。他只知道那飞行物就在车后方

移动，随后他就失去了知觉，又走了大约1000米，才恢复知觉。

谁偷走了他的半小时

他把车停在潘代雷亚斯村加油站，本想再顺原路回去看一看，但实在有些怕，终于没敢再回去。加油之后，皮穆西玛径直回家，但到家已是21时50分，妻子正为他担心。

他向妻子讲述了路上发生的事，但无论如何也弄不明白，为什么会多走了半个多小时。此时的皮穆西玛背部和后颈仍然疼痛，显得精疲力竭，精神有些萎靡，最后竟然趴在餐桌上像孩子一样号啕大哭起来。

调查人员询问皮穆西玛是否读过有关外星人和UFO的书，他说看过两三本，但不感兴趣，并反复声明自己说的是真的，愿意向公众公开。

这起案例的关键点是他曾有一段记忆空白，这段时间很可能

是飞碟侵入，也可能被外星人洗脑。他在时间上丢失半小时，也正是这段记忆空白中所需的时间。如果对他实施催眠，便可能发现惊人的经历，否则，无法解释司机所发生的一切反应。

延伸阅读

1953年11月23日，美国苏·洛克斯上空的禁飞区域出现了一架神秘的不明飞行物，美国空军立即派出一架F-89蝎子战斗机升空进行调查。在飞机渐渐逼近了UFO时，战斗机和它所追踪的UFO融合在了一起，突然神秘消失。

被魔洞吸吞的新娘

新婚新娘去哪里了

1976年1月13日，在埃及阿列基沙特亚市的街道上，有一对新婚夫妇正在漫步。男的叫比尔，25岁，他的妻子名叫阿菲·玛利亚，23岁。两人新婚，感情自然很好，连上班下班，玛利亚也陪伴他。

这天，又是上班的时候，玛利亚一早就陪伴比尔上班。当走到勒比·坦尼亚大道的时候，突然间，玛利亚跌进了路旁的一个小洞中，一下子就没有了踪影。

惊慌万分的比尔立即报警，大批有关人员来到现场。奇怪的是，刚才比尔所指玛利亚跌进去的小洞，本来就十分浅，只不过有半尺深，是水务局人员掘地修理之后，留下的一个小洞。人踏下去，连小腿也遮不住，一个人怎么可以跌下去失踪呢？

后来，现场的消防人员、警员召来了水务局的工人，利用铲土机把路面掘开，还向下掘了四五尺深，却什么也没有发现，玛利亚到底去了哪里呢？没人能够说得出来。她就这样在众目睽睽之下消失了。

类似的新娘失踪案件

其实，这类失踪事件在阿列基沙特亚市已不是第一次发生了。自1973年3月以来，已先后有5位新娘在这条大街上失踪。

第一次新娘失踪事件中，新郎是职业摄影师阿克·沙德，妻子名叫梅丽柏。这对夫妇正在坦尼亚大街上散步，突然间路面上出现了一个不大的洞穴，新娘梅丽柏跌入洞中，随即踪影皆无。警察为此挖掘了现场，费时长达一年。

其间又发生了第二起新娘失踪案。那是当年的10月，一对来埃及旅游的美国夫妇在坦尼亚大街上漫步游览，新娘卡闻泰夫人竟在光天化日之下，突然失足陷入一个刚刚在面前出现的坑穴

中，身子一晃，人就再也看不见了。

其后的1974年和1975年，直至前面说的1976年连续3年，又发生了几起新娘失踪案件。

警方为此成立了专案小组，负责对发生在坦尼亚大街上的一系列失踪事件进行周详的调查。尽管警方注意到失踪的都是年轻漂亮的新娘，但到头来还是无法结案。

埃及考古学家准哈布博士提出，坦尼亚大街下可能有古代的水井或贮水池，因而路面突然出现洞穴并不奇怪。但警方在挖掘开路面后，并未发现任何有关痕迹；况且失踪的都是清一色的新娘。所以准哈布博士关于失踪者落入路面下古井的预测，无法使人信服。

延伸阅读

阿列基沙特亚就是亚历山大港，始建于公元前332年，是按其奠基人亚历山大大帝命名的，作为当时马其顿帝国埃及行省的总督所在地。发生在埃及阿列基沙特亚的奇特的失踪事件，不仅被记入埃及的历史，而且，直至今天，依然有很多心理学家到该市进行调查，希望能够找出真正的原因。

隐形的日本男人

海底失踪的船长

神秘失踪事件在日本屡见不鲜。1927年夏天，在南太平洋的澳大利亚沿岸采集珍珠的日本潜水员在潜入海底以后就下落不明，人们找到的只是一身完整的潜水服。

1927年，日本的一艘满载珍珠的船只在澳大利亚附近海域沉没了，有关部门决定将沉船里的珍珠打捞上来，他们迅速派出了

船只驰往出事地点。在到达目的地后，船长身先士卒，率先套上潜水服，潜入海里。

过了一会儿，船长拉了拉联络用的保险绳，发出向上拉的信号。船员们赶紧将保险绳拉了上来，但是拉上来的只有一根保险绳和一顶船长戴的帽子，船长却不见了！其他的船员慌忙潜入海底搜寻，结果毫无线索，船长神秘地失踪了。

潜水员为什么老在这里失踪呢？如果遇到鲨鱼等凶悍的鱼类袭击，现场必然会留下种种痕迹。是不是那里的海底有一种不为人知的魔爪呢？人们不知道。

人群中失踪的板田先生

1929年2月，日本福岛县伊达郡东汤野村的板田竹次郎，在和村人一起到伊势神宫旅行时，竟然在众人面前神秘失踪，再也没有找到。

当时，他们一行有162人，首先到长野的善光寺参拜，14日，他们又转往伊势，一路都平安无事。到了伊势神宫，大伙在外宫参拜后，便排成一队，有说有笑地鱼贯入内，可是就在前往内宫的途中，板田先生竟在众人面前神秘地消失了。

当时的伊势神宫从外宫至内宫的路上，两旁是一片田园，视野相当好。想要找个藏身之处，简直不可能。但是，无论同行的村人怎么寻找，都没有发现板田先生的踪迹。

当时同行的人们只好向伊势当地的警方与神宫的管理员报了案，警方也对附近可能藏人的地方进行细致的探索，然而终究是无功而返。

旅行团一行败兴而归后，领队再度通过神宫的警察，将板田的照片分送各地，进行大规模的搜索，可是依然毫无线索，整个事件也犹如坠入迷宫。

板田是如何当着众多村民的面突然消失的？他是被什么东西掳走了吗？

延伸阅读

1937年8月7日，一名来自日本的采珠工松本正夫，在澳大利亚达尔文市附近海面潜入水中作业。不久，他发出往上拉保险索的信号，当人们把绳索拉上来时，只有潜水帽、潜水服护胸和盛放海蚌的篮子，唯独不见潜水员松本正夫。

神秘失踪的公交车

最后一班末班车

冬天的一个深夜，夜已经很深很冷，风也很大。一辆公共汽车缓缓驶出公交总站，慢慢地停靠在公交车站旁边。

这已经是当晚的最后末班车了，车上有一位年龄偏大的司机和一名年轻的女售票员，车门打开后上来4位乘客。一对年轻夫妇

和一位年纪老迈的老太太，还有一个年轻的小伙子。他们上车后，公交车便向着终点站方向开去。

11月的北方深夜十分寒冷，而且又是在那么偏僻的路段，因此夜色显得更加的沉静，人们耳边所能听到的只有发动机的轰鸣声，路上几乎看不到过往的车辆和行人。

车继续前进着，大概过了两站地。忽然，大家才看到，在前方100米远的地方有两个黑影向车辆招手。就听售票员说：还是停一下吧！外面天气那么冷，再说这也是最后的末班车了。

穿清朝官服的3个人

车停下了，又上来两个人。不，确切地说应该是3个人。因为在那两人中间还被架着一个，上车后他们一

句话也不说，被架着的那个人更是披头散发一直垂着头。另外两人则穿着清朝官服式样的长袍，而且脸色泛白。

大家都被吓坏了，各个神情紧张，只有司机继续开着车向前行驶。这时只听女售票员说：大家都不要怕，他们可能是在附近拍古装戏的，大概都喝多了，衣服都没来得及换。大家听她这么一说，也都恢复了平静。只有那位老太太还不断地扭头，神情严肃地看着坐在最后面的3个人，车继续前进着。

大概又过了三四站地，路上依然很静，风依旧很大。那对年轻

的夫妇在上一站已经下了车，司机和售票员有说有笑地聊着天。

就在这时，那位年迈的老太太突然站起身子，并且发了疯似地对着坐在她前面的小伙子就打，口中还叫骂着说：小伙子在他们上车时偷了她的钱包。两人争执不下，便在前边的派出所下车，去派出所评理去了。

一百多千米外发现的公交车

第二天，公交车总站报案，昨天晚上公交站上的最后一趟末班车和一名司机一名女售票员失踪。第三天，警方在100多千米

外的地方找到了失踪的公共汽车，并在公交车内发现3具已严重腐烂的尸体。

更加令人不解的疑点接踵而来：发现的公交车不可能在跑了一天的情况下还能开出100多千米，警方更发现车油箱里面根本不是汽油，而是鲜血。

更让人不解的是，发现的尸体在不到两天的时间里已经严重腐烂，就是在夏天也是不可能发生，经尸检证实并不是人为的。

经警方严格检查，当天各个出城的路口监视器，什么也没发现。

究竟是什么力量使得公交车出现在100多千米外的？又是谁害死了车上的司机和售票员？这些问题至今仍是个谜。

延伸阅读

20世纪70年代末，在埃及首都开罗郊区发生了一起“汽车和人突然失踪”的怪事。一位叫布木妮的年轻人和4个朋友练飞车绝技，轮到他时怪事发生了，人和车突然消失，连轮胎走过的痕迹也不见了。有人说是蒸发，有人说是被一股神力夺去藏到另一个世界里了。

失踪两年重现的游泳者

出人意料的溺水失踪

1987年12月13日，日本群马县的剑持家族突然接到了一个陌生的电话。令他们大吃一惊的是，打电话的竟然是失踪了两年的剑持贡一。

1985年8月7日，26岁的剑持贡一和林业事务所的另外13名同

事到新地县的石地海岸游泳。14时30分左右，剑持贡一来到离防波堤附近游泳。这里本来是禁游区，可是，胆大的剑持贡一却向着更远的地方游去。

在同伴招呼他上岸的时候，剑持贡一对同伴说："我再游一会儿便回来。"

后来，就再也没能见到他，直至15时30分，同伴们见他一直没有回来，感觉出事了，便赶往岸边的救生站去求助。

救生站的负责人德永九吉事后回忆说，当时海面上十分平静，没有风浪，海流速度缓慢，而且虽然岩礁距离岸边有100多米远，但是那里的海水十分浅，而且很清澈，还有足以站立的地方。可是，剑持贡一却莫名其妙地在那里失踪了，连尸体也没有浮出水面。

最后，救生站在剑持贡一家人的要求下，出动了搜索艇、“蛙人”和直升机等现代搜寻设备，对这片海域搜索了整整10天，花费了40万日元，可什么也没有找到。剑持贡一的父亲仍不甘休，又继续在海滩进行了寻找，最后还是杳无音讯。

失踪两年后神秘再现

事隔两年之后，1987年12月13日，剑持贡一居然在距离失踪地点1600千米的冲绳万座海滩出现了！他失踪时只穿着泳裤，可是，当他从海水中走上岸时，却身穿破旧的恤衫和长裤，肩负的背囊内，还有一个装着20000多日元的钱包。

剑持贡一回忆说，他穿着那身衣服，在万座海滩没胸的水中游泳，不小心喝了一口海水，便突然失去了记忆。他登岸后，发现自己竟然在冲绳岛，于是他就乘坐巴士到了冲

绳岛最大的酒店，在那儿打电话回家，重新返回原地。

可惜直至现在，剑持贡一仍无法回忆失踪的两年间，到底到哪儿去了？做了些什么？是如何失踪的？又怎样在冲绳出现的？所以，他的失踪及重新出现，至今仍是一个不解之谜。

延伸阅读

群马县古称叫“上野国”，位于日本关东地区西北。该县古地名称为“上州”，所以，人们也经常把群马称为上州，是个典型的内陆县，地形像空中飞舞的鹤的形状。因为该县出过多位首相，被誉为“首相生产县。”

船员失踪的“玛丽号”

无人应答的“玛丽号”

1873年12月5日15时左右，由美国经过大西洋，驶向直布罗陀港航行的货船“德克拉吉亚号”，在海洋上碰到一艘奇怪的船。船在北风徐徐的吹拂下，帆并没有完全解开，船身摇摇晃

晃，如醉汉般地前进。

仔细一看，才发现船上的帆已松弛下垂，只是顺着风向漂流而已。“德克拉吉亚号”的船长摩亚哈斯用望远镜仔细观察船上的情形，却露出困惑的表情，一旁则站着轮机手德勃。

船长摩亚哈斯对身边的轮机手德勃说道：“你看，那好像是‘玛丽·塞雷斯特号’。它应该早我们几天就从纽约出航，现在不至于还在海上才对，难道是出了什么问题。”

“船长，我也觉得奇怪。尤其是它的甲板上空无一人，实在让人不解。”轮机手德勃回答道。

就在此时，两船的距

离慢慢地靠近了。两人这才发现，该船有两根桅杆，该船总重大约有200多吨，而船身与其说是定点前进，不如说是漫无目标地随风打转。摩亚哈斯船长不断发出信号，但丝毫没有回音。

空无一人的轮船

于是“德克拉吉亚号”停止前进并放下小船，摩亚哈斯船长带着数名水手乘船驶向前方的船，结果发现，那艘奇怪的船果然是“玛丽·塞雷斯特号”。“德克拉吉亚号”的水手们登上甲板，发现所有的货物与船具都整齐排列着，不过小船却少了一艘。

摩亚哈斯船长打开“玛丽·塞雷斯特号”的船长室一看，船上居然没有个人影，餐桌上却准备着早餐。其中一份似乎是给小孩子用的，半个鸡蛋只挖了一小匙，应该是还在用餐的状态。

他们发现船长室的桌子上，摊开着地图，还放着时钟，后面的墙壁上则挂着船长的上衣。另外，旁边有一台缝纫机，上面摆着尚在缝制的女性衣服。缝纫机的下方则滚落着一个布娃娃。

摩亚哈斯船长又来到了水手室前面，水手室前边挂着一些要晾晒的衣物，不过却还相当湿。餐厅里的桌子上摆着数人的早餐，此外，在厨房还可见刮过胡子的刮胡刀，但却未经清理，胡茬也到处散落着。

经过推测，摩亚哈斯船长断定是早餐时，在这船上发生了某些变数。于是，他们再到船长室查看，发现重要的“航海日志”

也不见了。摩亚哈斯船长觉得这一定不是件单纯的事，有必要做更详细的调查，便指示用绳缆拖着“玛丽·塞雷斯特号”，慢慢驶入直布罗陀港。

船上的人去了哪里

到了直布罗陀港才知道，就在“德克拉吉亚号”碰到“玛丽·塞雷斯特号”前一天的12月4日早上，在亚速尔群岛岸边，一艘英国轮船“高地号”也与“玛丽·塞雷斯特号”擦身而过，当时，两船都还互相发出平安无事的信号。而“德克拉吉亚号”是在第二天15时左右发现“玛丽·塞雷斯特号”，所以其间仅隔一天半。

随着调查的进展，得知“玛丽塞雷斯特号”是载着酒精，

由纽约前往意大利热那亚的。并且同时也得知，船上除了船长普利克斯和其夫人赛亚拉以及2岁的女儿苏菲亚之外，还有10名船员。

人们是如何消失的呢

有人认为船员们是被海盗劫走的，但是，这个意见几乎没有人赞同。因为，如果遭到海盗抢劫，船内应该残留打斗后的迹象，可是，船上不仅完全没有打斗的迹象，而且重要的财物也没有损失。

有人发现该船一侧受到轻微碰损，认为可能是船员们担心整个船沉，或是碰撞到大型流木之类的，觉得危险才紧急逃生的。虽然

这个理由还说得过去，但是全员逃生不可能只用一艘小船。况且，因为惊慌失措而逃离主船的情况也令人难以理解。

也有人认为，船上载运的酒精经过强烈的日晒后，突然释放大量的瓦斯，船员有感于船身会爆炸之后，才匆促逃离的。这个意见似乎最有道理，然而同样的仅靠一艘小船能载着13人逃生，这一点还是说不过去。

假定这个意见是正确的，后来该船并没有到达任何港口，而就算全员皆亡故，为什么没有一具尸体被发现。美国政府相当重视“玛丽·塞雷斯特号”事件，其后的3年里也竭尽可能调查，但是终究无法解开“无人船”之谜。

不过，由于“玛丽·塞

雷斯特号”的船体本身安然无恙，因此后来也找到了新的买主，而它也依然被作为货船使用。只是好景不长，数年后，它在大西洋上遇到暴风雨而沉没。

延伸阅读

1880年，人们在美国罗德艾兰州纽波特市附近海面发现的“西贝尔德号”帆船，也是这样的情况，船上一切完好无损，船长室的桌上还摆着丰盛的早餐，可是全船人员却不知去向。

无人驾驶的“白云号”

漂泊在海上的轮船

1983年夏季，有一天的下午，委内瑞拉一艘“马拉开宝号”货轮正在大西洋的海面上航行着。忽然，一个船员发现前边不远有一艘轮船，它在海面上随着海浪任意地漂荡，好像不知道要航行到什么地方去一样。这是怎么回事儿呢？

那个船员赶紧把这个情况告诉了船长，船长想了想，立刻命令船员向那艘轮船靠拢过去。船员们立刻加大马力，朝着那艘轮

船开了过去。

等到他们来到那艘轮船的旁边，发现它的船身上写着“白云”，原来它叫“白云号”，是一艘货船。看样子，“白云号”的载重量大约有2300多吨。

船长让船员们开着“马拉开宝号”货船围着“白云号”绕了一圈，只见它的上边没有挂旗子，看不出来是哪个国家的船只，而且船的甲板上看不见一个人影。

船长的心里更加纳闷了：“哎，这艘轮船上的人都到什么地方去了，是不是他们遇到什么危险了？对，还是赶紧到船上去看一看吧！”想到这儿，船长和几个船员爬上了“白云号”。

轮船遇到什么紧急情况了

他们爬上“白云号”，仔细一看：船上的救生艇不见了，甲板上乱七八糟地扔了好几双鞋子。船长对手下的船员说：“你们分别到厨房、船舱、驾驶室去看一看，有什么情况马上向我报

告！”船员们答应一声，赶紧分头去了。

不大工夫，船员们陆续回来告诉船长：“报告船长，这船上已经没有一个人了，厨房里的衣物全都发霉，船上还有500箱炮弹。”

船长一听，心里感到更加奇怪了：“走，带我去看看！”

船长走入船舱，船长越看越感到奇怪：无线电台的转钮转到了应急的频道上，这说明“白云号”一定是碰到了什么特别危险和紧急的情况。

军火船上起火了吗

船上的救生艇不见了，甲板到处都是扔弃的鞋子，就是说船上的人们已经跑到救生艇逃命去了。那么，这艘船到底遇上了什么样的危险和紧急情况，船员们才惊慌张张地逃走了呢？

后来，船长和他的船员们琢磨了半天，觉得这艘“白云号”货船是一艘运送军火的货船，它一定是不知道在什么地方受到了损害，使得船上烧起了大火。

后来，船上的大火又自己熄灭了。可是，船员们当时以为这场大火会很快地蔓延起来，大火要是引起炮弹爆炸，那整个船都会被炸得粉碎，船上的人一个也别想活命。所以，他们就急忙跳上救生艇逃走了。

然而，这场大火是怎样燃烧起来的？为什么船上没有大面积焚烧的痕迹？为什么这艘船还能漂浮在海上？这些问题使得这艘船上的秘密越来越扑朔迷离。

这艘船为何无人问津

“马拉开宝号”船长看了看眼前的这艘“白云号”，向船员

们说："咱们再对它好好地搜寻搜寻，也许还会发现一些有价值的东西。"船员们觉得船长的话很有道理，就又在"白云号"船上搜寻了起来。

找着找着，有一个船员发现了一本航海日志，赶紧交给了船长。船长打开仔细一看，只见那上面记录着："白云号"最后停泊的地方是非洲西北部加利群岛的拉斯帕马斯港。等到"马拉开宝号"的船员们发现它，它已经在海面上漂流了整整62天，大约漂流了18000海里。

这么一来，"马拉开宝号"船长和船员们更加奇怪："白云号"漂流了整整62天，也就是两个多月的时间呀。那为什么没有人查问它的下落呢？

有的人说，这些没有人驾驶的漂船是不是碰到海洋怪兽了

呢？海洋怪兽把船上的人们吓得慌里慌张地逃走了。只是这种说法没有什么科学依据，所以不太能说服人。

那么，到底是什么原因才造成了没有人驾驶的漂船呢？直至如今也没人找到正确答案，也就成了一个难解之谜。

延伸阅读

1944年，一艘古巴船“鲁比康号”，在百慕大三角海区同样遇到了船在人亡的事件。当人们发现这只漂浮在海面上的船时，只有一只狗孤零零地卧在甲板上，可惜它不能向人们诉说它的主人究竟遭到了什么不幸，流落到何方！

“信天翁”的最后呼号

神秘失踪的“信天翁”飞机

1969年7月30日，西班牙各家报纸都刊登了一条消息，西班牙国内的一架“信天翁”式飞机，于29日15时50分左右，在阿尔沃兰海域失踪。

由于那架飞机上的乘员都是西班牙海军的中级军官，所以军事当局相当重视，动用了10余架飞机和4艘水面舰船进行搜索。人们得到消息后，立即到位于直布罗陀海峡与阿尔梅里亚之间的阿尔沃兰进行搜索。

当人们搜寻了很大一片海域后，除了找到两把失踪飞机上的座椅外，其余的什么也没发现。

失踪的五名机组人员

在这次事故发生前两个月，就是1969年的5月15日，另一架“信天翁”式飞机，也在同一海域莫名其妙地栽进了大海。

那次事故发生在18时左右，机上有8名乘务员。据目击者说，飞机当时飞得很低，驾驶员可能是想强行进行水上降落而未成

功。机长麦克金莱上尉还活着，他当即被送往医院抢救，尽管伤势并不重，但他根本说不清飞机出事的原因。

人们还在离海岸大约一海里的出事地点附近打捞起两名机组人员的尸体。后来几艘军舰和潜水员又仔细搜寻了几天，另外5人却始终没找到。

诡异的“信天翁”飞机求救声

据非官方透露的消息说，那次飞行本来是派一位名叫博阿多的空军上尉担任机长的，临起飞才决定换上麦克金莱。这样，博阿多有幸躲过了那次灾难。

然而好运并没能一直照顾他。时隔两个月，已被获准休假的博阿多再次被派去担任“信天翁”式飞机的机长。这次，他没有回来。

这一事实促使人们得出结论说，这是两起一模一样的飞机遇

难事故：两架相同类型的飞机，从同一机场起飞，由同一个机长驾驶，去执行同一项反潜警戒任务，在同一片海域遇上了相同的灾难。

但谁也无法解释，失踪的“信天翁”式飞机发回的最后呼叫“我们正朝巨大的太阳飞去”，究竟意味着什么。

延伸阅读

有人做过统计，从1945年第二次世界大战结束至1969年的20多年的和平时期中，地图的这个小点上竟发生过11起空难，229人丧生。这大概就是他们把这里称作“飞机墓地”的原因吧！

起飞多年后着陆的飞机

震惊世界的消息

美国一架载着57名乘客的DC-4型螺旋桨客机，于1955年从纽约飞往迈阿密途中突然消失，它却神奇地飞出昏暗的迷雾区，于1992年出乎意料地在委内瑞拉的加拉加斯机场着陆。这架飞机37年来的飞行生涯是在哪儿渡过的呢？

DC-4客机从起飞到消失在云层中也不过几分钟时间，目击者们的见证以及飞机驾驶员同机场指挥塔之间的无线电联系的录音，成为DC-4客机奇幻般飞行与着陆的不无辩驳的证据。

美国民航部副部长拉曼·埃斯托瓦尔宣布，根据亲眼目睹这一令人费解事件的机场指挥塔台工作人员提供的佐证资料证实，这个消息与事实完全吻合，能证实该事件真实性的关键性证据是飞机驾驶员手中那个1955年袖珍日历。

一直在机场指挥塔监视和指挥飞机起降全过程的值班调度泰拉库尔特称，他亲眼看见这架客机，通过客机他听到飞机驾驶员的声音，甚至看见他手中握着日历，可迄今为止，他无论如何也无法相信这一事件。

飞机竟然能穿越时空

当这架DC-4客机出人意料地来到加拉加斯机场上空时，雷达屏幕上却丝毫未出现它的任何显示信号。这时，机场指挥塔上的全体工作人员惊异地意识到：这里发生了某种超自然事件。

指挥塔全体工作人员亲眼目睹了这架客机着陆，而在雷达屏幕上却根本没见它的踪影！

这时，指挥塔调度向飞机驾驶员喊话："你们是哪次班机？"

"我们是DC-4包机，从纽约飞往迈阿密的914次航班，乘员组4人，乘客57人。"驾驶员答道。

当指挥塔全体工作人员听了驾驶员的这番答话后，大家惊异得呆若木鸡。914次航班的目的地是迈阿密，它距离加拉加斯1800千米。

飞机非常成功地着陆了，这时，指挥塔调度听到另一名驾驶员的惊叹话语："上帝啊！真见鬼了！这是些什么飞机？"原来，他们看到机场上的喷气式飞机后大为惊愕，觉得这些飞机简直像宇宙飞船一样起降自如。

按照机上驾驶员的判断：按照飞行时间表，DC-4客机应在1955年7月2日上午9时5分抵达迈阿密国际机场。这时，指挥塔调度对机上喊话："机长，这里是委内瑞拉的加拉加斯国际机场。今天是1992年5月21日。"

飞机37年间去哪儿了

机长听了指挥塔的这一回答，顿时大惊失色。这时，加油车

靠近飞机准备加油，机上驾驶员通过无线电喊道："不！不要靠近，我们要飞离这里！"机上乘客将脸贴近舷窗，而飞机驾驶员也将驾驶舱门打开，向地勤人员挥手示意离开。

于是，驾驶员启动发动机，飞机终于又起飞了。驾驶员还挥动着飞行文件夹，不料，一个小飞行日历从里面掉到地上，后来被机场人员捡到，他们发现：这还是1955年的飞行日历。不久这架飞机又不知所踪。

这件事是真的假的？为什么穿越37年时空返回后又再次失踪呢？美国民航部门调查了很久也没弄清这一神秘事件的真相。

延伸阅读

2009年6月，法国航空公司宣布：该公司一架从巴西里约热内卢飞往法国巴黎戴高乐机场的航班，在巴西海岸外的大西洋上空消失，该机载有231名乘客和15名机组人员。

航行中突然消失的巨船

神秘失踪的“亩傍号”

1886年12月13日早上，日本的横滨港上人头攒动，人们在等候日本新研发的巡洋舰“亩傍号”的进港。

“亩傍号”预定的进港时间是当天正午，可是人们一直等到15时，仍没有看到“亩傍号”的英姿。人们猜测，“亩傍号”可

能是在途中遇到浓雾耽搁了，或者是因为机械故障而临时停到了附近的某个港口。

然而，直至12月15日，“亩傍号”仍然没有进港。等人们真正意识到出事的时候，已经是“亩傍号”比预定进港时间晚了10天以后了。

对于日本的海军总部在经过将近一年时间的搜查后，仍然一点痕迹都没有发现。1887年10月15日，日本海军总部发表“巡洋舰‘亩傍号’沉没、乘员全部死亡”的告示。自此以后，在同样的海域上，仍然有大型货船消失的怪事发生。

众目睽睽之下消失的货船

“亩傍号”消失是日本明治时期的事。到了1954年，同样在

巴士海峡，也发生了一起货船行踪不明事件。而且，这次是在另外3艘船的注视下所发生的怪事。

1954年5月，新日本轮船公司的货船“辰和丸号”满载日本政府所要输入的缅甸米，从东海朝向神户港航行。当时，船上共有50名船员。

“辰和丸号”装备有新式的雷达，是一艘在漆黑的夜里也能安全行驶的新式货船。为了补给燃料，“辰和丸号”曾在新加坡稍作停留。当燃料很快补给完后，便出港驶向神户。

5月10日上午，“辰和丸号”船长向在海上不远的“东京丸号”和“富士春丸号”货船发出求助信号。当这两艘船接到求助信号后，便逐渐朝“辰和丸号”的所在地点接近。

在得知“辰和丸号”行踪不明的消息后，航行于附近海域的20艘船只也加入到搜索的行列，却全部都徒劳无功。如果是沉船，应当会有重油的污渍及船体的残骸等特征，可是竟然连一个碎片都没发现，这是为什么呢？

河川中消失的货船

在美国，也有数起船只消失的例子。在1872年6月6日的早上。出事地点是美国西岸的俄勒冈州。那天早上，一艘名为“爱隆·马文堤号”的货船，从俄勒冈河对岸的经克斯堡离岸，朝着下游的路易斯比尔城前进。

这艘货船的后面，拖着20艘载有约90吨棉花的舢板。此时，河面平静无波，货船如滑行般顺利前进。这是两岸人家经常见到的景象，因此也没有人特别注意。但是“爱隆·马文堤号”在出了比克斯堡后，大概仅约20分钟的光景，就从河上消失了。

仅剩30艘仍载着棉

花的舢板，摇摇晃晃、随波逐流。由于这一段的俄勒冈河并不太深，船若是沉没的话，应该立刻可以被察觉。在这么一条不太大的河川中，货船究竟是消失于何处呢？

延伸阅读

1928年12月14日，一艘丹麦的实习船“哥本哈根号”，搭载着50名实习生，从南美乌拉圭蒙特维多出港。但是，正当“哥本哈根号”离开港口往右边的水道前进时，竟然连船带人消失于海上。

难以追踪的幽灵潜艇

神出鬼没的幽灵潜艇

在第二次世界大战的后期，日本联合舰队和美国航空母舰“小鹰号”，数次遭到一艘神秘潜艇的跟踪。但一当他们发现并准备采取行动时，这艘潜艇又消失得杳无踪迹了。

在太平洋战争中，日、美双方海军激烈鏖战之时，神秘潜艇也曾几次出现。但它并未卷入战事，而是对落水的双方水兵采取救援

行动，颇有国际红十字会之风。这艘潜艇的速度和反应，是当时所有船只都难以比拟的。因此，美国海军称之为“幽灵潜艇”。

第二次世界大战结束，美国海军动用太平洋舰队的全部潜艇，在南太平洋水域4次搜寻幽灵潜艇。苏联海军也闻风而动，派出大量潜艇在太平洋、大西洋细细搜索。

搜寻历时一年却无结果，可是美、苏两国海军却为此付出了巨大代价：他们各有两艘至3艘先进的潜艇失踪。

至20世纪60年代末，幽灵潜艇又频频出现在太平洋和大西洋的广大水域，跟踪美、苏舰队。一次，美国“企业号”核动力航空母舰，在南太平洋发现被跟踪，正待做出反应之际，对方悄然失踪了。“企业号”派出数架反潜直升机到处捕捉，空手而归。

苏联舰队也遇到同样情况。这样，美、苏双方便都怀疑是对

方侦察潜艇。但其动作如此敏捷，则又令双方咋舌和不服气。20世纪60年代，美苏两国在海军潜艇上的研制与扩充比赛，幽灵潜艇起了很大作用。

制约北约的和平使者

1990年，在瑞典和北约海军举行的一次海上军事联合演习中，“幽灵潜艇”竟大大咧咧地招摇过市，引来了一场大围剿。10多艘潜艇与巡洋舰在开恩克斯纳海湾排成梳篦阵势，炮弹、深水炸弹与鱼雷将这里变成一片喧嚣的战场。最终却是北约海军等一方扫兴而归，幽灵潜艇将他们痛快地耍了一回。

过了一年，北约海军又在比斯开湾举行演习。这时，幽灵潜

艇又目中无人地出现在北约海军视野。可是，令北约海军指挥人员奇怪的是：他们所有军舰上的无线电通讯、雷达、声呐仪等全部失灵。待到幽灵潜艇消失后，一切才恢复正常。这令北约海军干着急，有劲使不出。

当幽灵潜艇消失后，北约海军还试着向消失的方向发射了几枚当时最为先进的“杀手鱼雷”，杀手鱼雷能自动追击目标，可以说是百发百中。可是鱼雷一出膛，却向海底来了个90度的倒栽葱。看来，幽灵潜艇仍在附近制约着北约海军，捆绑着它的手脚。

幽灵潜艇似乎有几种类型。通常看见的那种类型同美国核动力潜艇外貌相似，只是要精巧些。此外，1992年，法国潜水专家拉马斯克在加勒比海的水下探险时，发现一座圆体的周身晶亮的

银灰色建筑物。它飞快地旋转运行，同拉马斯克擦肩而过，却悄无声息，连波浪也未掀起。这大概是幽灵潜艇的又一种类型吧！

幽灵潜艇有海底基地吗

幽灵潜艇在地球的水域里有无基地呢？按常理是该有的。那么，这基地又在哪里呢？有人说，是在百慕大三角区接近巴哈马群岛的海底下。

1985年，美国水下探险家在巴哈马群岛附近水下1000米深处，发现一座庞大的水下建筑，里面似有机器在轰鸣。

1993年7月，美、法两国专家调查队在这一片水域，发现一座巨大的海底金字塔。塔的底边长300米，高约200米，塔尖距离海

面100米。

金字塔上还有两个巨大的洞，水流以惊人的速度奔流出入，使这一带海面雾气腾腾，波诡云谲。因此，有不少人说，作为“魔鬼三角”的百慕大，之所以有许多飞机、船只在此丧命，海底金字塔应难辞其咎。

研究幽灵潜艇的人则说，海底金字塔正是幽灵潜艇的最佳基地。那上面的两个巨大的水洞，是幽灵潜艇出入的所在。

俄罗斯的一些研究者认为，仅从幽灵潜艇及其基地来看，其拥有者的智慧便高出地球人许多。何况幽灵潜艇并未攻击过人类，而是人类不断地攻击过它，但它也从不还击人类。这说明驾驶幽灵潜艇者的道德文明，也远高出于人类。

幽灵潜艇谜团能揭开吗

有一些研究者认为，在大洋深处，长期以来就一直生活着一种具有高度文明、高度智慧的生物。它们不是外星人，而是地球人的最亲密的邻居，也可以说是地球人的一种类型。

它们既能在“空气的海洋”里生存，又能在“海洋的空气”里生存。而百慕大三角的大金字塔，不过是他们在海中建造的发电用的电磁网络。

持这种观点的研究者还强调：人类起源于海洋，现代人类的许多习惯以及器官明显地保留着这方面的印痕。如喜食盐，身上无毛，会游水，爱吃鱼腥等。这些特征是陆地上的哺乳动物所不具备的。当人类进化时，很可能分作陆上、水下两支。上岸的就是人类，水下的则被称作“海妖”。而海妖却造出了人类不能造

出的幽灵潜艇。

研究者还认为，要全面揭开百慕大三角与幽灵潜艇之谜，只有等到人类与海妖的科学文明或道德文明相接近、相沟通时方可。可是这一天要等到多久呢？

延伸阅读

19世纪初，英国货轮“海神号”在几内亚湾附近海域，遇到了一个怪物，该怪物漂浮在“海神号”船头前方约10米处，体形庞大，发着炫目的光辉。当“海神号”驶近时，只见它无声无息地潜入水底不见了。